FACULTÉ DE DROIT DE TOULOUSE.

Acte Public

POUR LA LICENCE.

MARIE ESCUDIER,
IMPRIMEUR-LIBRAIRE, RUE SAINT-ROME, 26.

1835.

ACTE PUBLIC

POUR LA LICENCE,

En exécution de l'art. 4, tit. 2, de la loi du 22 ventôse, an 12.

SOUTENU PAR

M. Fournier (Marie-Antoine-Alphonse),

Né à Narbonne (Aude).

JUS ROMANUM.

Lib. II, Tit. I. — *De rerum divisione. — De traditione.*

Traditio est modus acquirendi jure naturali. Res omnes aut mancipi erant aut nec mancipi ; mancipi res erant prædia in italico solo,

tam rustica, qualis est fundus, quam urbana, qualis domus. Item jura prædiorum rusticorum, velut via, iter, actus, aquæductus; item servi et quadrupedes quæ dorso, collove domantur, velut boves, equi, asini, etc., cæteræ res nec mancipi erant.

Magna autem differentia erat mancipi rerum et nec mancipi; nam res nec mancipi nudâ traditione abalienari poterant, si modo corporales erant et ob id recipiebant traditionem. Circà res mancipi, nuda traditio non sufficiebat; transferebantur per mancipationem, undè mancipi res erant dictæ.

Justinianus omnem differentiam sustulit; itaque posteà res omnes corporales cujuscumque generis fuerint, alienari potuerunt solâ traditione.

Interdùm sine traditione nuda voluntas domini sufficit ad rem transferendam, veluti si rem quam tibi aliquis commodavit, tibi vendiderit, statim proprietas adquiritur; item si quis merces in horreo depositas vendiderit, simul atque claves horrei tradiderit emptori transfert proprietatem mercium ad emptorem.

Interdùm et in incertam personam collata voluntas domini transfert rei proprietatem. Si rem pro derelicto à domino habitam occupat quis, statim eum dominum effici.

Alia causa est earum rerum quæ in tempestate maris, levandæ navis causâ ejiciuntur.

CODE CIVIL.

Liv. ii, Tit. iii. — De l'Usufruit, de l'Usage et de l'Habitation.

CHAPITRE PREMIER.

De l'Usufruit.

L'usufruit est le droit de jouir des choses dont un autre a la propriété comme le propriétaire lui-même, mais à la charge d'en conserver la substance.

L'usufruit peut être établi par la loi ou par la volonté de l'homme. Il s'établit ou purement, ou à certain jour, ou à condition. L'usufruit peut être aussi établi sur toute espèce de biens meubles ou immeubles.

Des Droits de l'Usufruitier.

L'usufruitier peut s'établir sur trois choses : 1° sur celles qui se consomment de suite par l'usage et que le droit romain appelle fongibles ; 2° sur celles qui se détériorent peu à peu par l'usage, comme les meubles meublans ; 3° enfin sur les immeubles. L'usufruitier peut jouir des choses fongibles, mais il est tenu d'en rendre de pareilles en quantité, qualité et valeur ; il peut aussi se servir de celles qui se détériorent peu à peu par l'usage, et il peut les rendre dans l'état où elles se trouvent à la fin de l'usufruit. L'usufruitier peut jouir des fruits et revenus des immeubles à l'instant où l'usufruit commence ; les fruits civils s'acquièrent jour par jour pendant la durée de l'usufruit, les fruits naturels à mesure qu'ils sont récoltés ; ainsi, tous ceux qui ne le sont pas quand l'usufruit commence , appartiennent à l'usufruitier ; de même quand l'usufruit cesse , tous ceux qui ne sont pas recueillis appartiennent au propriétaire. L'usufruitier ne doit aucune indemnité au propriétaire pour les travaux ou semences qui sont nécessaires, pour la production ; et réciproquement le propriétaire ne doit rien à l'usufruitier qui laisse des fruits perdans à leurs racines.

Quant aux bois taillés qui se trouvent dans les immeubles soumis à l'usufruit , l'usufruitier doit se régler sur les coupes du précédent propriétaire à défaut d'aménagement réglé par celui-ci. L'usufruitier ne comprend les bois à haute fataie que tout autant qu'ils ont été mis en coupe réglée par le précédent propriétaire. Si l'usufruitier néglige les coupes , il ne peut rien réclamer à la fin de sa puissance. Il peut profiter des arbres de haute futaie que le vent a déracinés, pour les réparations dont il est tenu ; il peut même , pour cet objet, en faire abattre , si cela est nécessaire, en en constatant la nécessité. Il peut profiter des arbres fruitiers qui sont morts , à la charge de les faire remplacer par des arbres de même espèce. Comme le propriétaire , il jouit des mines et des carrières qui sont en exploitation à l'ouverture de l'usufruit, de l'augmentation survenue par alluvion , ainsi que des servitudes et généralement de tous les droits dont le propriétaire peut jouir lui-même. Il peut céder l'exercice de son droit à un tiers , mais il faut observer que ce droit reposant sur la tête de l'usufruitier , c'est à la mort de ce dernier et non à celle du cessionnaire que l'usufruit s'éteint.

Le propriétaire ne peut nuire de quelque manière que ce soit aux droits de l'usufruitier ; l'usufruitier, à son tour , ne peut, à la cessation de son droit , réclamer une indemnité pour les améliorations qu'il peut avoir faites , car il est supposé en avoir trouvé la compensation dans les avantages qu'il en a recueillis , d'ailleurs il sait que le fonds ne lui appartient pas , par conséquent *donasse censetur*. Cependant si l'usufruitier fesait des constructions , le propriétaire n'aurait pas le droit de les retenir sans indemnité , car le possesseur de mauvaise foi lui-même a droit au prix de la main-d'œuvre des matériaux, si le propriétaire veut conserver ces constructions. Enfin, l'usufruitier peut enlever les glaces, tableaux, etc., qu'il aurait fait placer ; mais il doit rétablir les lieux dans leur premier état.

Des Obligations de l'Usufruitier.

L'usufruitier, avant d'entrer en jouissance, doit faire dresser, en présence du propriétaire, un inventaire des meubles et un état des immeubles. Il doit donner caution d'en jouir en bon père de famille ; à défaut de caution, les meubles doivent être vendus, et les intérêts de la somme en provenant doivent tourner au profit de l'usufruitier. Si ce dernier a besoin des meubles pour son usage personnel, on se contente d'exiger la caution juratoire.

Si l'usufruitier ne peut donner caution pour les immeubles, ils doivent être mis en sequestre ou baillés à ferme. Le produit annuel des revenus des immeubles appartient à l'usufruitier. Le père ou la mère, investis de l'usufruit légal des biens de leurs enfans, ne sont pas tenus de donner caution.

L'usufruitier n'est tenu que des réparations d'entretien, les grosses réparations sont à la charge du propriétaire, à moins qu'elles n'aient été occasionées par le défaut d'entretien depuis l'ouverture de l'usufruit, et dans ce cas elles sont la charge des fruits qu'il recueille ; mais il n'est pas tenu de celles qui étaient à faire à son entrée en jouissance, il prend les choses dans l'état où elles se trouvent. Ni le propriétaire, ni l'usufruitier ne sont tenus de rebâtir ce qui est tombé de vétusté ou qui a été détruit par cas fortuit. L'usufruitier est tenu de toutes les charges annuelles de l'héritage, mais non de celles qui sont imposées accidentellement ; cependant s'il survient des charges sur la propriété pendant la durée de l'usufruit, le propriétaire doit les payer et l'usufruitier doit lui tenir compte des intérêts, et si celui-ci en fait l'avance il a la répétition du capital à la fin de l'usufruit. Les frais des procès concernant la jouissance sont à sa charge.

L'usufruitier doit donner connaissance au propriétaire des usurpations qu'un tiers pourrait commettre sur la propriété; car ce dernier ne pouvant plus surveiller la chose, la loi veut obliger l'usufruitier à veiller à sa place; s'il ne le fait pas, il est responsable des dommages que le propriétaire pourrait éprouver.

Comment l'Usufruit prend fin.

L'usufruitier ayant fait dresser, au moment de l'ouverture de son droit, un état des immeubles, c'est dans ce même état qu'il doit les rendre, lorsque sa puissance finit, c'est-à-dire pour ce qui concerne les réparations d'entretien; et remarquons que si l'usufruitier négligeait de faire dresser un état des immeubles, il serait présumé les avoir reçus en bon état et serait tenu de les rendre de même.

Quant aux meubles meublans, l'usufruitier doit les rendre dans l'état où ils se trouvent à la fin de l'usufruit, pourvu toutefois qu'il en ait joui en bon père de famille. Si ces meubles s'étaient détériorés par toute autre cause qu'un cas fortuit ou que l'usage, il en serait responsable, et dans le cas où il manquerait quelqu'un des meubles portés par l'inventaire, il devrait en restituer la valeur au prix de l'estimation.

Quant aux choses mobilières, que la loi appelle fongibles, l'usufruitier est tenu ou d'en payer la valeur, d'après l'estimation portée par l'inventaire ou d'en rendre pareille quantité, qualité et valeur, au moment de l'ouverture de l'usufruit.

L'usufruit s'éteint par la mort naturelle et par la mort civile de l'usufruitier; cependant le mort civilement peut réclamer des alimens, lorsque sa position lui permet d'ester en jugement par le ministère d'un curateur. L'usufruit finit encore par l'expiration du temps pour lequel il a été accordé; par la réunion sur la même tête des deux qualités d'usufruitier et de propriétaire; par le non-usage pendant trente ans, et par la perte totale de la chose sur laquelle l'usufruit est établi. L'usufruit peut cesser également si l'usufruitier abuse de sa jouissance, soit en dégradant le fonds, soit en le laissant dépérir faute d'entretien. Les créanciers de l'usufruitier peuvent intervenir dans les contestations, pour la conservation de leurs droits; ils peuvent offrir la réparation des dégradations commises, et des garanties pour l'avenir. Cependant, les juges, malgré ces offres, peuvent prononcer l'extinction de l'usufruit, ou bien ordonner la rentrée du propriétaire en jouissance de l'objet, à la charge par lui de payer annuellement à l'usufruitier ou à ses créanciers une somme déterminée jusqu'à ce que l'usufruit cesse. Si l'usufruit ne doit cesser que lorsqu'un tiers aura atteint un âge fixe, il ne pourra finir avant cette époque, quand même le tiers mourrait avant. Il peut finir encore par la renonciation; mais il ne faut pas que cette renonciation soit faite en fraude des créanciers. Enfin, lorsque l'usufruit est établi sur un bâtiment et que ce bâtiment s'écroule, l'usufruitier ne peut jouir du sol ni des matériaux; car c'est le droit de jouir du bâtiment qui a été stipulé et non du sol et des matériaux. Il en est autrement lorsque l'usufruit est établi sur un domaine dont le bâtiment fait partie, car alors les matériaux et le sol sont accessoires du domaine sur lequel repose ce droit : *quia villa fundi accessio, non magis quam si arbores ceciderint.*

CHAPITRE II.

De l'Usage et de l'Habitation.

L'usage est le droit de prendre sur ses fruits du bien d'autrui, ce que l'on peut en consommer pour les besoins, ou ce qui est accordé par le titre constitutif.

L'habitation est le droit de demeurer pendant sa vie ou pendant le temps déterminé par le titre constitutif dans la maison d'autrui.

Les droits d'usage et d'habitation se constituent et finissent de la même manière que l'usufruit. Le législateur a établi de grands rapports entre ces droits; ainsi celui qui est investi du droit d'usage et d'habitation doit, comme l'usufruitier, faire un inventaire, donner caution avant d'entrer en jouissance, et doit jouir en bon père de famille. Mais il y a une différence entre les droits d'usage et d'habitation et le droit d'usufruit, car les premiers se règlent par le titre, et si le titre ne s'explique pas sur l'étendue de ces droits, ils sont réglés par leur propre nature; de telle sorte que l'usager ne peut prendre les fruits d'un immeuble que dans la proportion de ses besoins personnels, et de ceux de sa famille, et il ne peut céder ni louer son droit à un autre; différence essentielle entre l'usage et l'usufruit; car l'usufruitier ayant le droit de recueillir tous les fruits, il importe peu que ce soit lui ou un autre qui exerce ce droit: l'usager, au contraire, ne pouvant exiger que les fruits nécessaires à ses besoins et à ceux de sa famille, il importe au propriétaire que ce droit ne soit pas exercé par un autre dont les besoins pourraient être plus grands. De là cette conclusion, que les créanciers de l'usager ne pourraient saisir son droit ni l'exercer à sa place, car c'est un droit personnel. Le droit d'habitation se réduit également au logement de la personne à qui le droit est accordé et à sa famille; et il ne peut être ni cédé, ni loué. Si l'usager absorbe tous les fruits du fonds, ou s'il occupe toute la maison, il a les mêmes charges que l'usufruitier dans sa jouissance; s'il n'en prend ou n'en occupe qu'une partie, les charges sont proportionnellement.

CODE DE PROCÉDURE CIVILE.

Liv. 2. — *Des Tribunaux inférieurs.*

Tit. 14. — *Des Rapports d'experts.*

Un expert est un homme en état d'éclairer le juge sur des questions ou des faits que celui-ci ne peut approfondir ou connaître par lui-même, parce qu'ils exigent, ou des notions étrangères sa profession, ou un déplacement qu'elle ne permet pas toujours.

L'expertise est l'opération des experts : le rapport est l'exposé de cette opération.

Le rapport doit être ordonné par un jugement où l'on énonce avec clarté les objets de l'expertise, car il est nécessaire que les experts ne s'écartent pas de leur mission.

L'expertise est confiée à trois experts, ou à un seul si les parties y consentent; ces experts sont nommés lors du jugement qui en donne acte aussitôt, ou dans les trois jours après la signification, par acte au greffe où assiste l'avoué; dans le cas contraire, les experts sont nommés d'office.

Les experts nommés d'office peuvent seuls être récusés, car les parties sont censées connaître les causes de récusation des experts qu'elles nomment, et elles sont également censées ne pas vouloir s'y arrêter; par la raison inverse, elles ont le droit de récuser pour des causes postérieures à leur nomination et à leur serment. La récusation est instruite rapidement, et, en cas de contestation, vidée sommairement à l'audience; le jugement qui y statue, remplace d'office, l'expert dont il admet la récusation, ou condamne à des dommages le recusant mal fondé.

Lorsque les experts ont accepté par la prestation du serment, il faut qu'ils remplissent leur mission sous peine de dépens et de dommages. Si les parties ne s'accordent pas sur le choix du nouvel expert, le tribunal le nomme d'office.

On informe les parties des jours et lieu des opérations des experts, afin qu'elles fassent les observations et les réquisitions qu'elles jugent convenables. L'expertise doit être faite sur les lieux contentieux; le rapport peut être rédigé ailleurs. Pendant les opérations, les experts doivent prendre tous les renseignemens qui sont nécessaires à la découverte de la vérité ; consulter, par exemple , des habitans plus instruits qu'eux sur les localités et les faits. Le juge doit même leur permettre de faire d'autres perquisitions , ainsi que des interpellations aux parties.

Les experts doivent former dans leur rapport, un seul avis à la pluralité des voix, et indiquer en cas d'opinions différentes, les motifs de chacune, mais sans désigner ceux qui les ont émises. Ce rapport doit être écrit par l'un des experts, si tous savent écrire, sinon il faut s'adresser au greffier du juge de paix du lieu de l'opération; il faut le remettre au greffe, où il peut être levé par la partie la plus diligente; il est signifié ensuite à avoué et l'audience est poursuivie.

Le juge n'est point tenu de suivre l'opinion des experts, à moins que la loi ne veuille expressément que l'expertise ne serve de base à la décision des tribunaux. Il peut aussi ordonner d'office une seconde expertise, si celle qui existe ne lui fournit pas des éclaircissemens suffisans.

CODE DE COMMERCE.

Liv. 3, Tit. 3. — *Des faillites et banqueroutes.*

De la revendication.

La revendication est l'action par laquelle on réclame une chose dont on se prétend propriétaire.

Le code de commerce admet deux sortes de revendication : celle exercée par le véritable propriétaire et celle exercée par celui qui a vendu des marchandises dont il n'a pas reçu le prix et qui veut les retirer lorsque l'acheteur a fait faillite; mais comme la condition du vendeur est toujours moins favorable que celle du propriétaire et que d'ailleurs la faculté indéfinie de revendiquer en cas de vente entraînerait à trop d'abus et nuirait à l'intérêt du commerce, la loi a dû établir des règles différentes sur ces deux cas.

La revendication des marchandises, déposées ou consignées ne pouvait souffrir la moindre difficulté; elle est admise dans tous les cas; et si les marchandises ont été vendues, le propriétaire peut en réclamer le paiement à la place du failli. Si l'acquéreur, du chef du consignataire ou dépositaire, s'était libéré envers lui de quelque manière que ce fut, le déposant n'aurait plus qu'une action à exercer dans la faillite et serait assimilé en tout point aux autres créanciers.

La loi permet la revendication lorsqu'il a été fait au failli des remises en effets de commerce ou en tous autres effets avec mandat d'en faire le recouvrement et d'en garder le montant à sa disposition ; si toutefois ces effets non échus, ou échus et non encore payés sont en nature dans le portefeuille du failli, à l'époque de la faillite. Elle a permis encore la revendication des remises faites sans acceptation ni disposition, si elles sont entrées dans un compte courant, d'après lequel le propriétaire ne serait que créditeur ; mais elle n'a plus lieu si, à l'époque des remises, par l'effet du compte courant, le propriétaire se trouve débiteur d'une somme quelconque.

Le vendeur dont les marchandises expédiées seraient encore en route, soit par terre, soit par eau, et dont le prix ne lui aurait pas été payé, aura droit à la revendication, mais elle cesse dès l'instant que ces marchandises sont entrées dans les magasins du failli ou du commissionnaire chargé de les vendre pour le compte du failli ; ou encore, si avant leur arrivée elles ont été vendues sans fraude par le failli, sur fractures et connaissement ou lettres de voiture.

Tit. 5. — *De la réhabilitation.*

La réhabilitation est un acte par lequel le failli recouvre tous les droits que la faillite lui avait fait perdre. Ainsi, tout commerçant failli est incapable d'exercer des droits politiques, il ne peut être juge de commerce, agent de change ou courtier, l'entrée de la bourse lui est interdite. La réhabilitation a pour effet d'anéantir toutes ces incapacités et de rendre au failli tous les avantages que son mauvais état lui avait fait perdre. Mais ce n'est qu'aux débiteurs malheureux et de bonne foi que la réhabilitation est permise, elle n'a point d'effet à l'égard de ceux qui peuvent être soupçonnés de fraude ; comme les stellionataires, les banqueroutiers frauduleux, les individus condamnés pour vol ou escroquerie, les comptables.

Le failli formant sa demande en réhabilitation, après avoir payé toutes ses dettes en principal, intérêts et frais, doit adresser une requête tendante à cette fin, à la cour d'appel dans le ressort de laquelle il es domicilié. Le procureur-général, avec lequel se passe toute la procédure, sans que les créanciers puissent y intervenir directement, prend connaissance de la requête et la communique aux divers tribunaux indiqués par l'art. 606 qui la font afficher pendant le délai de deux mois, dans les salles d'audience de chaque

(13)

tribunal. à la bourse et à la mairie. Un extrait doit en être inséré dans les papiers publics (607), dans les délais désignés par cet article. Tout créancier qui n'a pas été payé intégralement peut former opposition par un simple acte au greffe, appuyé de pièces justificatives ; une fois les délais expirés, dès que les renseignemens ont été recueillis par les magistrats et transmis au procureur-général ; celui-ci fait rendre sur le tout arrêt, portant admission ou rejet de la demande. Si elle est rejetée, elle ne peut plus être reproduite ; dans le cas d'admission, l'art. 611 règle la manière dont l'arrêt est mis à exécution.

———

Cette thèse sera soutenue le 12 août 1835, à 10 heures du matin.

Vu par le Président de la Thèse ,
FERRADOU.

Toulouse.—Imdrimerie de Marie ESCUDIER, rue St-Rome, n° 26.